Sei una Ragazza Unica e Speciale

STORIE VISSUTE DA UNA BAMBINA
PER INSEGNARTI AD ESSERE
CORAGGIOSA E CREDERE SEMPRE
IN TÉ STESSA.

IDEALE PER
BAMBINE E RAGAZZINE.

JULIA LEE WILSON

Un Regalo per TE !!!

Scannerizza il codice qui sotto per ricevere qualche extra gratuito in più!

SOMMARIO

Introduzione

Ciao,
sono Julia, ho 11 anni e frequento la prima media.

Vivo in un paese di periferia insieme ai miei genitori, mia sorella ed il nostro cagnolino.
I miei hobby preferiti sono la danza (ballo con la mia BFF Chiara) e la musica (a scuola suono il violino).

Mi piace fare lunghe passeggiate in montagna con la mia famiglia perché così conosco sempre nuove persone.

Quanto ero più piccola mi sentivo sempre timida e insicura, ma ora sono una ragazzina solare e molto molto ostinata: faccio di tutto per ottenere quello che voglio!

Alcune volte questo mio comportamento piace ai miei genitori, specialmente quando a scuola studio per ottenere buoni voti.

Altre volte, ad esempio quando voglio organizzare una piccola festa o un pigiama-party con le mie amiche a casa nostra, assillo mamma e papà finché non mi danno il permesso!

Adoro stare in compagnia con le mie amiche, ma come te, non vado d'accordo con tutti i bambini e le bambine della mia classe. Alcune volte ci litigo, ma alla fine facciamo sempre pace.

In questo libro ti racconto alcune avventure che ho vissuto e che mia hanno aiutato molto a superare le mie paure e le mie incertezze.

Mi piacerebbe farti capire quanto è importante non sottovalutarti, credere in te stessa e cercare di legare e socializzare con i coetanei.

Spero che ti piacerà e che possiamo diventare anche noi BFF (Best Friend Forever = Migliori Amiche per Sempre).

Ciao,
Julia.

Un Compleanno Speciale

Finalmente! Dopo un anno era di nuovo ora di pensare al compleanno!

Quest'anno Julia voleva organizzare il suo compleanno all'aperto, nel parco della città, dove tutti gli invitati avrebbero avuto a disposizione un sacco di giochi, un campo da basket ed un campo da calcio.

Julia pensava che fosse veramente un'ottima idea. Nel mese di aprile, dopo un lungo inverno, chi avrebbe voluto chiudersi in una stanzetta per festeggiare il compleanno di un'amica?!?

E così cominciò ad organizzare il suo decimo compleanno in tutti i minimi particolari.

La festa avrebbe avuto come tema i fiori, così chiese a sua sorella di aiutarla a creare delle collane con i fiori in carta crespa colorata. Anche gli inviti erano a forma di fiore, con scritti i nomi delle amiche e degli amici invitati. Commissionò alla mamma l'acquisto di patatine, biscotti e bibite, da mangiare sotto al gazebo.

Era giunto il giorno della festa e Julia era contentissima di vedere che molti dei suoi amici avevano accettato l'invito: si sarebbero divertiti tantissimo!!!

Aveva preparato dei giochi, che secondo lei erano molto coinvolgenti: una partita a calcio "femmine contro maschi" ed un quiz con domande in inglese. Non vedeva l'ora di cominciare.

Nell'attesa che arrivassero tutti gli invitati, le bambine ed i bambini si sparpagliarono per il parco, riunendosi in piccoli gruppetti. Julia lo notò, ma pensò: "Finchè non saranno arrivate tutte le mie amiche, posso lasciarli giocare, poi li chiamerò per cominciare i giochi che ho organizzato!"

Dopo circa mezz'ora arrivarono tutti, ma lei non riuscì più a riunire i suoi amici e le sue amiche, perché si stavano divertendo moltissimo a giocare in giro per il parco: i ragazzini stavano giocando a calcetto, le bambine più piccole si spingevano in altalena, altre ragazzine facevano le ruote nel campo da basket.

Insomma, sembrava che a nessuno importasse di Julia e lei si sentiva sempre più triste, quasi arrabbiata.

La mamma, vedendola rattristata, le chiese come mai e lei rispose: "Nessuno gioca con me, voglio che tutte le mie amiche vengano qui, io non mi sto divertendo da sola...".

Allora la mamma le disse di correre subito a giocare con le altre bambine, e che poteva fare i tuoi giochi in un'altra occasione, magari durante l'inverno e aggiunse: "Hai scelto di organizzare la tua festa di compleanno al parco, quindi goditi tutto questo bello spazio aperto! Vai a giocare con le tue amiche".

Un pò titubante, decise di seguire il consiglio della mamma. Andò a giocare con le bambine in altalena, poi decise di fare qualche tiro a canestro insieme ai ragazzi e cominciava a divertirsi un sacco, dimenticandosi completamente della partita di calcio e del quiz.

Una musica, quasi assordante, richiamò lei e le altre bambine sotto al gazebo.

Tutte le amiche e gli amici di Julia si riunirono intorno a lei per la foto ricordo.

La mamma aveva preparato una splendida torta floreale ... in tema con la festa!

Era una meringata a 3 piani, decorata con coloratissimi fiori di zucchero ed una grande cuore di cioccolato bianco in cima.

Ancora oggi, ogni volta che Julia guarda quella foto, conservata gelosamente sul suo comodino, ripensa a quella bellissima giornata e si chiede: "Se avessi obbligato le mie amiche a giocare ai giochi che avevo organizzato, si sarebbero divertite così tanto?"

Probabilmente no. Una festa al parco, liberi di correre da ogni parte, è il modo migliore per divertirsi, dopo una lunga settimana di scuola!!!

Spazio lasciato intenzionalmente vuoto per non
fare trapassare i colori nel testo

Spazio lasciato intenzionalmente vuoto per non
fare trapassare i colori nel testo

La Nuova Passione di Julia

Anna e Julia erano amiche inseparabili. Si conoscevano dai tempi dell'asilo.

Anna invitò Julia al suo saggio di danza: il teatro, i costumi, la musica…tutto era bellissimo e Julia pensò: "Vorrei imparare anch'io a danzare come Anna".

Ma la sua amica ballava già da 4 anni, e si allenava in palestra 3 volte a settimana. Così Julia chiese alla mamma di iscriverla a danza con Anna.

La mamma le spiegò che, se si fosse iscritta, avrebbe dovuto frequentare il corso tutte le settimane, anche quando non aveva voglia o quando le sue amiche andavano al parco a giocare e a mangiare il gelato.

Julia cominciò a pensarci. Ballare le sarebbe piaciuto così tanto, da rinunciare alle uscite al parco con le sue amiche?

Anna le raccontava che alcune mattine faticava ad alzarsi dal letto a causa dei forti dolori ai piedi ed alle gambe. Lei, che usava il monopattino anche per spostarsi da una stanza all'altra della casa, avrebbe sopportato tutti quei dolori?

Sì.

La danza le piaceva davvero. Pensò che sarebbe riuscita a sopportare tutto ciò pur di allenarsi e ballare con la sua migliore amica.

Così, la settimana successiva la mamma la iscrisse nella palestra di danza.

A fine lezione la mamma le chiese se era contenta della lezione. "Sì mamma, mi è piaciuto tantissimo, voglio ritornare la settimana prossima!".

Le altre bambine la accolsero con grandi sorrisi. Le fecero vedere dov'era lo spogliatoio e la accompagnarono in palestra: com'era grande!

Le insegnanti cominciarono con il riscaldamento. Le bambine dovevano fare un pò di stretching e poi spaccate e ruote. A Julia non sembrava vero!! Si impegnò moltissimo, perché voleva raggiungere il livello di Anna, o almeno non fare brutta figura.

Tanto felice il pomeriggio prima ... quanto dolorante la mattina seguente. Julia si svegliò tutta indolenzita, ma si ricordò cosa le aveva detto la sua amica Anna: "Se domattina ti fanno male le gambe, fai un pò di stretching e il dolore passerà".

Così Julia si sedette sul tappeto della cameretta per allungare le gambe.

La mamma entrò nella stanza e fu felice di vedere che, anziché lamentarsi dei dolori, Julia stava allungando i muscoli, come le aveva consigliato la sua amica.

I mesi successivi intensificò gli allenamenti, andando in palestra 3 volte a settimana, come le allieve più brave. Anna era felice che Julia avesse scelto il suo stesso sport: erano proprio amiche per la pelle.

E Julia non pensava più ai pomeriggi al parco, a volte veramente noiosi, ma occupava tutto il suo tempo libero ad allenarsi in vista del saggio di fine anno.

Questa volta avrebbe partecipato anche lei. Non sarebbe stata tra gli spettatori, ma sarebbe salita sul palco con Anna e le altre ballerine.

Lo spettacolo è stato bellissimo ed i genitori di

Julia erano molto orgogliosi della loro bambina. Aveva imparato a sacrificare il suo tempo libero ed i momenti di gioco per allenarsi.

E proprio tutto questo allenamento ha dato i suoi frutti. In solo un anno, Julia era ormai la piccola ma grande ballerina, che avrebbe voluto diventare da sempre.

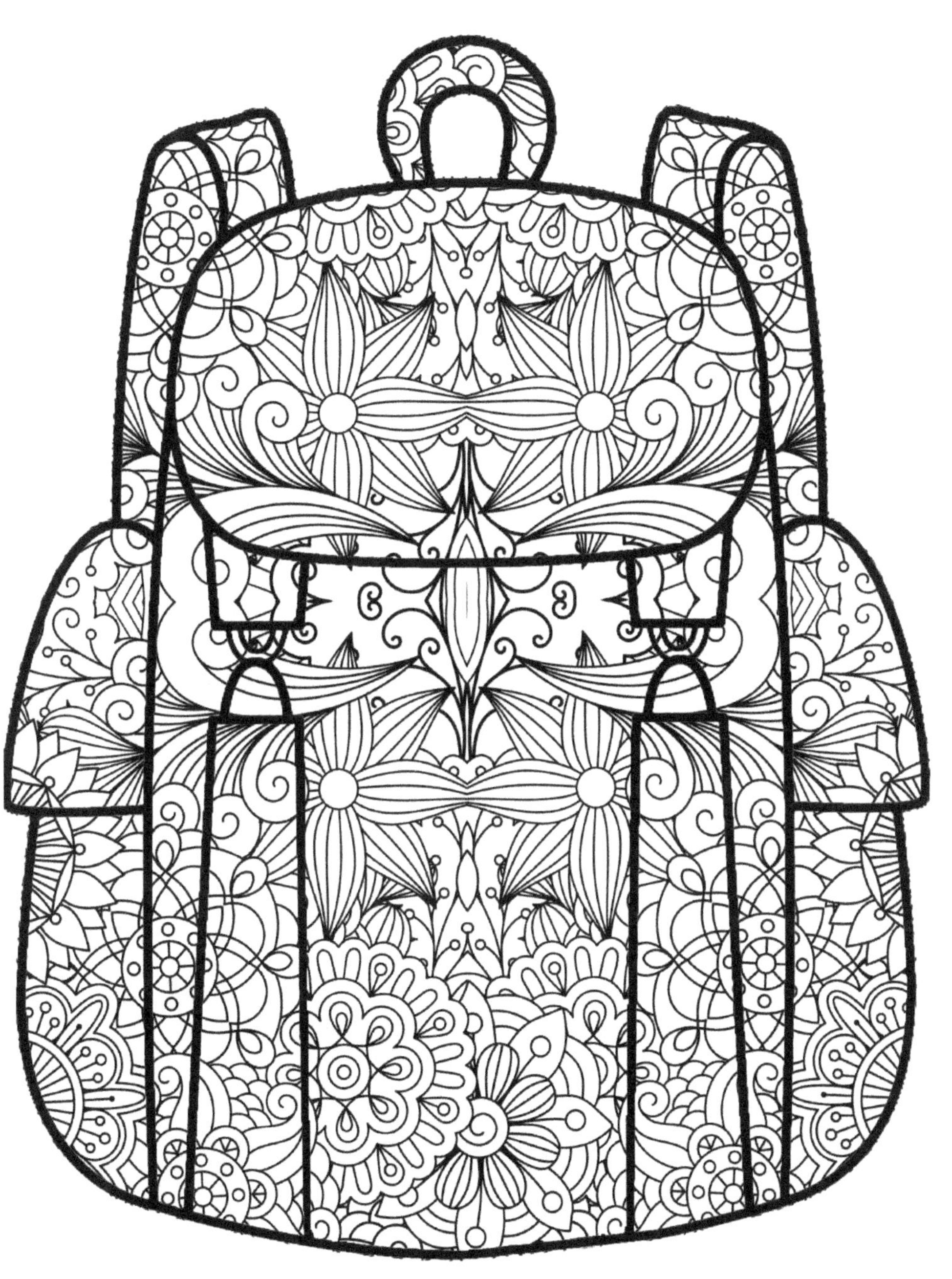

L'escursione in Montagna

Dopo tanti mesi di studio continuo, finalmente cominciarono le vacanze estive. I miei genitori avevano programmato una vacanza in Africa, ma io insistetti per fare un'escursione in montagna nelle Alpi.

"Non preoccupatevi", dissi alla mia famiglia.

"Ci divertiremo tantissimo".

"Speriamo di divertirci veramente, Julia", disse mia sorella Maria.

Abbiamo comprato tutti i kit di sopravvivenza di cui avevamo bisogno, poi siamo saliti sul SUV e abbiamo iniziato il viaggio.

Dopo parecchie ore stavamo ammirando il bellissimo panorama delle Alpi.

"Wow…" disse tutta la famiglia con ammirazione. Siamo andati al nostro hotel, ci siamo fatti un bel bagno e abbiamo mangiato cibo ottimo caldo. Poi ci siamo attrezzati e abbiamo iniziato l'escursione con alcuni altri turisti.

Il paesaggio era così incantevole e mozzafiato che tutti si fermavano spesso, scattando molte foto, sia con le macchine fotografiche sia con i cellulari, prima di andare avanti.

Dopo un'ora ci siamo fermati tutti su una roccia piatta per riposarci e fare uno spuntino. Ho notato un'altra ragazza del tour che indossava un vestito rosa, i suoi capelli erano biondi: era molto bella.

Sembrava avere più o meno la mia età, quindi ho pensato di poter essere sua amica.

Sono andata a conoscerla. "Ciao, io mi chiamo Julia, e tu?" dissi educatamente, "Quanti anni hai?"

Mi ha studiato con gli occhi e non ha risposto. Invece, ha indossato i suoi airpod e ha acceso la musica sul suo telefono.

Sono tornata dalla mia famiglia, sentendomi triste e ferita.

"Cosa c'è che non va?" chiese la mamma, notando un cambiamento nel mio umore.

"Niente", dissi.

“Sei sicura?”

“Sì, mamma.”

Mi ha passato una tavoletta di cioccolato e l'ho masticata a malincuore. Mi sentivo sentivo una stupida, nella mia mente urlavo: perché diavolo l'ho fatto?

Dopo il breve riposo abbiamo continuato l'escursione. Non ero più felice e la vista sulle montagne sembrava aver perso il suo fascino.

Ogni volta che guardavo indietro e vedevo la ragazza bionda, provavo un'ondata di stupidità e rabbia.

Improvvisamente, ho sentito una mano sulla mia spalla.

“Ehi”, disse papà. “Ho visto cosa è successo laggiù, non lasciare che influisca sulla tua stima, tesoro. Non tutti possono essere gentili, lo sai.

Se fosse così, allora il mondo sarebbe stato migliore di questo".

"Grazie papà." Mi sono sentita molto meglio. Non molto tempo dopo, nuvole scure si spostarono attraverso il cielo e la luminosa giornata divenne opaca.

"Sembra che un'altra pioggia stia per iniziare", annunciò la guida turistica. "Torniamo subito in hotel. Domani, continueremo".

Abbiamo iniziato a tornare, papà portava Maria sulle spalle mentre lei si lamentava dei suoi piedi doloranti.

Improvvisamente iniziò a piovere e il terreno divenne pericolosamente scivoloso.

"Restiamo tutti uniti", ci consigliò la guida turistica, "e muoviamoci il più velocemente possibile".

Ho guardato avanti e ho notato che la ragazza

dai capelli biondi era un po' lontana da tutti gli altri. Si stava avvicinando troppo al bordo del burrone e, anche se eravamo in movimento e sotto la pioggia, guardava continuamente il cellulare.

Con le orecchie tappate in quel modo, non ero sicura che avesse capito la gravità della situazione in cui ci trovavamo.

Senza pensare, ho iniziato a muovermi verso di lei. Volevo dirle che si stava avvicinando troppo al burrone, ma prima che potessi farlo, un lampo brillante colpì.

La ragazza bionda fu presa dal panico e inciampò, e prima che se ne rendesse conto, stava cadendo. Ho allungato una mano e l'ho presa.

L'intera folla rimase senza fiato, ma riuscii trattenerla.

"Stai bene?", le chiesi.

"Sì," rispose lei, scioccata. "Grazie." Guardò giù per il burrone. "Ma il mio telefono è sparito."

"Mi dispiace per quello" la consolai.

"Va bene. Grazie mille", borbottò la ragazza.

Mi sono guardata indietro e ho visto tutti che mi applaudivano, e sono arrossita quando mio padre mi ha fatto l'occhiolino.

Quando abbiamo raggiunto l'hotel, ci siamo cambiati i vestiti bagnati e abbiamo bevuto un tè caldo. Mamma e papà mi stavano ancora inondando di lodi quando ho sentito bussare alla porta. Sono andata ad aprire ed era la ragazza bionda.

"Ciao," disse. "Posso parlarti? Solo per un

minuto, per favore".

"Sì", le risposi io.

Ho detto alla mia famiglia che sarei tornata presto e l'ho seguita.

"Voglio scusarmi per prima", disse. "Non avrei dovuto... comportarmi come ho fatto."

"Va tutto bene»", la tranquillizzai.

"Mi chiamo Isabella," continuò goffamente, "Grazie ancora per quello che hai fatto. Spero che possiamo essere amiche?"

"Perchè no? Mi chiamo Julia e sarò felice di essere tua amica".

Quello fu l'inizio della nostra amicizia.

Ancora adesso, anche se abitiamo lontane, ci scriviamo quasi tutti i giorni per raccontarci com'è andata la giornata!

Spazio lasciato intenzionalmente vuoto per non
fare trapassare i colori nel testo

Com'è dura Studiare...

Settimana piena di verifiche in classe: chi ce la farà...

Lunedì matematica, mercoledì inglese, giovedì italiano e venerdì...l'orribile geografia!!!

Julia era molto preoccupata perché il mese prima nella verifica di geografia non aveva preso un bel voto.

"Ma a cosa serve imparare a memoria tutti i nomi delle montagne? E quelle città stranissime?" si chiedeva Julia.

Lei leggeva e leggeva, ma non riusciva a farli entrare nella testa.

La mamma spiegò a Julia che anche lei, da piccola, odiava materie come la matematica e la geometria.

Le piaceva leggere e scrivere, ma di certo non avrebbe mai fatto l'insegnante di matematica!

Da grande però, capì che imparare a risolvere i problemi di matematica le avrebbe permesso di sviluppare la sua mente ed allenarla a risolvere altri tipi di problemi, come ad esempio il programmare l'accensione del condizionatore di casa o gestire il computer dell'auto.

Spiegò a Julia che lo scopo dello studio non era solo di imparare a memoria monti, date e formule varie.

"Soprattutto nei primi anni di scuola, è giusto studiare tutte le materie, dalla matematica alla storia, dall'italiano all'inglese, per imparare molte cose, ed anche per capire cosa ti piace", disse la mamma a Julia.

Così Julia cominciò a studiare un pò di più tutte le materie, in particolare quelle che le riuscivano meno bene, prima fra tutte la geografia!

Ripeté per parecchi giorni tutti i nomi dei monti, dei laghi e dei fiumi italiani. Li scrisse in un quadernino e li lesse ogni giorno prima di andare a letto.

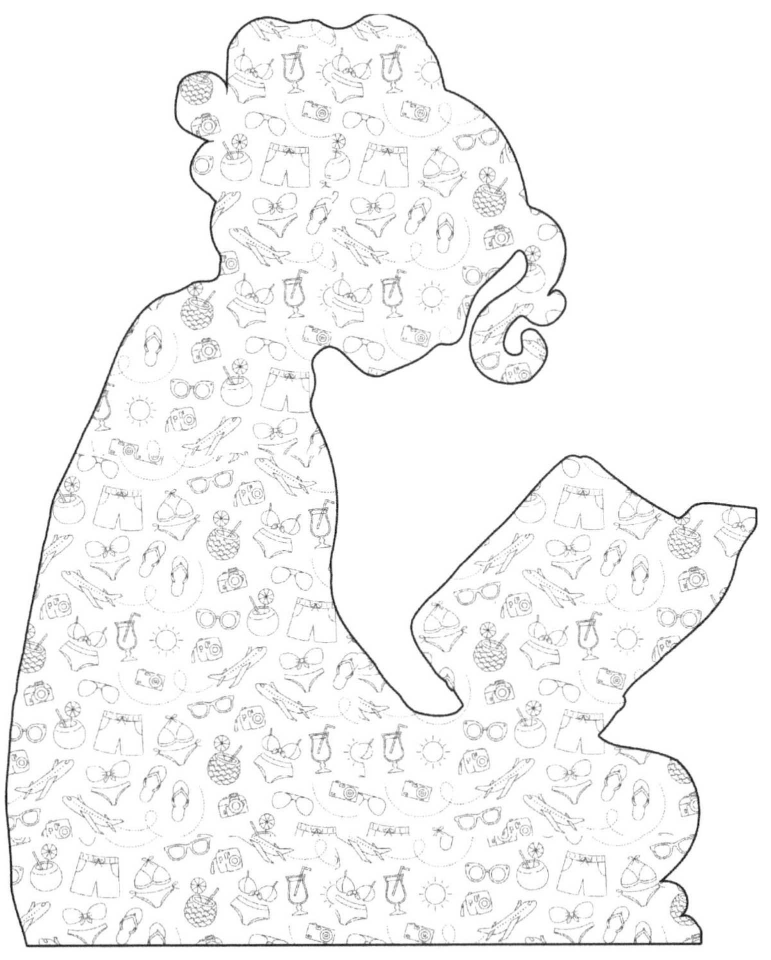

Questo metodo lo aveva visto da sua sorella, che era più grande.

Il giorno della verifica Julia era molto agitata: sarebbe andata bene, oppure si sarebbe dimenticata tutto, come sempre?

Quando l'insegnante consegno il foglio con le domande, Julia fece un gran sospiro e pensò: "Ce la posso fare. Ce la posso fare".

Lesse le domande una ad una, immaginando le risposte nella sua testolina: questa volta la verifica non sembrava poi così difficile!

Cominciò a rispondere alle domande con calma, senza farsi prendere dal panico. Qualcuna non la sapeva, ma era felice di riuscire a dare così tante risposte.

La maestra passò per i banchi e si avvicinò ad Julia. Le chiede come mai fosse così sorridente, lei che era sempre molto tesa durante le verifiche.

Julia rispose che stavolta si era preparata bene per quel compito in classe e che la geografia non la spaventava più.

Dopo qualche giorno, l'insegnante consegnò le verifiche: questa volta il voto di Julia era bello.

Era felice di quel voto e non vedeva l'ora di tornare a casa per raccontarlo alla mamma. La mamma le disse di essere molto fiera di lei.

Julia aveva imparato che tutte le materie sono importanti e vanno seguite bene, anche se non piacciono. Aveva capito che se non si studia a fondo non si possono pretendere di prendere bei voti.

Il suo nuovo metodo aveva portato a quel traguardo che le sembrava irraggiungibile.

Da quel giorno studiare non le pesava più.

La scuola stava diventando addirittura piacevole e nei giorni di verifica si divertiva a mettere alla prova la sua preparazione!!!

Spazio lasciato intenzionalmente vuoto per non
fare trapassare i colori nel testo

L'unione fa la Forza

C'era una volta una scuola elementare frequentata da bambini di mente acuta e obbedienti all'insegnante.

A volte, però, alcuni di loro erano molto testardi. Quella era una scuola molto rinomata e la sua reputazione era piuttosto alta.

La scuola era circondata da splendidi giardini, bellissimi alberi e piante con fiori che sbocciavano in tutte le stagioni.

Tutti i ragazzi passeggiavano per questi giardini nel tempo libero. Si divertivano a giocare a calcio, pallavolo, salto in alto e molti altri giochi.

Tuttavia, tra questi giovani studenti c'erano due bambine che litigavano molto con gli altri, nonostante i loro insegnanti raccomandavano di andare d'accordo con tutti. Ma loro non ascoltavano mai. Quelle due bambine erano Ginevra e Sara.

Il più delle volte, gli altri compagni di classe si irritavano e si distraevano a causa loro e si lamentavano del loro comportamento fastidioso con il preside della scuola.

Un giorno, l'insegnante annunciò in classe che la settimana successiva si sarebbe tenuta una competizione sportiva, e voleva che gli studenti partecipassero attivamente a tutti i giochi.

L'insegnante spiegò: "Ci saranno tante competizioni, sia di atletica leggera, sia di altri giochi all'aperto.

Dovrete giocare tutti, divisi in squadre, in un gruppo di eventi sportivi che prevedono corsa, salto in alto, lancio del peso e corsa".

Julia disse eccitata "Wow! È fantastico. Sono così eccitata. Sono una grande atleta. Ho vinto anche l'ultima volta".

Julia era una brava bambina che ascoltava e rispettava gli altri. Le piacevano i giochi di squadra. Sfortunatamente, era sempre presa di mira da Ginevra e Sara.

"Hai vinto barando, ora tocca a me vincere il premio" gridò Sara.

Ginevra rise e rispose: "Stavolta sarò io la più fortunata".

"Mi infastidite sempre mentre gioco" si lamentava Julia con Ginevra e Sara.
Le due ragazzine dispettose risposero: "Non ci dai mai una possibilità di giocare, quindi ti infastidiamo."

L'insegnante in quel momento urlò: "Chiedete entrambe scusa a Julia, altrimenti non giocheremo a nessun gioco in futuro e non verremo nemmeno al parco".

L'insegnante faceva del suo meglio per far andare d'accordo le due bambine con gli altri compagni, ma loro hanno sempre finito per litigare parecchio.

Ha parlato anche con altri docenti, di queste bambine dispettose.

Allora, tutti decisero di convocare un incontro genitore-insegnante poiché è anche responsabilità dei genitori guidare i propri figli.

Quando i genitori furono chiamati, si mostrarono preoccupati. Le bambine non si comportavano bene nemmeno con loro.

La maestra era preoccupata anche per i genitori e promise che li avrebbe aiutati.

Julia però, non voleva più litigare con Ginevra e Sara, quindi decise di dare loro una lezione.

Voleva farle diventare amiche di tutta la classe.

Il giorno successivo, l'insegnante chiamò tutti gli alunni della classe e disse loro: "Facciamo un gioco in classe.

Oggi non andremo al parco".

Julia chiese all'insegnante se potevano giocare al "mazzetto di bastoncini", un gioco che le aveva insegnato il nonno.

"Julia ha una grande idea da condividere con noi, sentiamola", comunicò l'insegnante alla classe.

Fornì ai suoi compagni di classe un pacco di 10 bastoncini e ha chiesto loro di rompere ogni bastoncino in pezzi.

I bambini li spezzarono molto facilmente in

pochi minuti, ma poi ... cominciarono a litigare tra loro, come sempre.

"Il gioco non è ancora finito, cari ragazzi", disse l'insegnante.

Julia disse: "Adesso daremo un altro mazzetto di bastoncini, ma questa volta non li romperete singolarmente.

Dovrete romperli tutti insieme come un fascio. Vediamo se ci riuscite!".

Ginevra disse: "E' impossibile, maestra, come dovremmo farlo"?

"Mi fanno male i palmi delle mani, maestra. Scusa, non posso giocare a questo gioco", esclamò Sara.

Gli alunni dissero all'insegnante di non essere riusciti a rompere il mazzetto di bastoncini nonostante ci avessero provato molte volte.

Tutti loro hanno cercato di rompere il mazzetto con molta forza, ma il fascio di bastoncini era molto difficile da rompere.

Non sono stati in grado di farlo in nessun modo, e quindi hanno lasciato tutti il gioco.

L'insegnante disse: "Cosa ci dice questo, Julia? Condividilo con tutti"

Julia si alzò e disse: "Rompere ogni singolo bastoncino individualmente è stato facile per noi, ma romperli tutti i insieme non è stato possibile.

Questo ci insegna che rimanendo uniti nessuno può farci del male.

Se continuiamo a litigare tra di noi, invece, chiunque può offenderci"

"Perfettamente così, è

assolutamente vero, Julia", disse l'insegnante orgogliosa, poi continuò dicendo: "Bambini, ricordate che i nemici vogliono vederci deboli e smarriti.

Quindi se vi allontanate litigando ogni volta, chiunque può trarre vantaggio da questo e per lui sarà facile deridervi e ferirvi.

Invece, se vi vede uniti e sempre in gruppo, il vostro nemico non si sentirà più tanto sicuro e non avrà più il coraggio di scagliarsi contro di voi".

"Oh, adesso ho capito perché ci chiedi sempre di legare e fare amicizia" esclamò Sara.

Ginevra disse: "Voglio scusarmi con i miei compagni di classe, in particolare Julia e Sara.

Diventiamo amiche e non separiamoci mai più".

Tutte le bambine erano felicemente e profondamente d'accordo.

L'insegnante aggiunse: "Vi chiedo di rimanere sempre tutti amici, proprio come adesso".

Il gioco ha insegnato loro una lezione molto importante e, alla fine, tutti hanno capito perché Julia ha voluto fare quel gioco.

Da quel giorno, in tutti gli eventi sportivi, gli alunni hanno giocato tutti i giochi insieme.

Non hanno mai più disturbato gli altri, hanno obbedito all'insegnante e sono diventati ottimi studenti.

Anche i genitori erano molto grati all'insegnante.

Morale: L'UNIONE FA FORZA.

In questa storia hai visto che quando le due bambine bisticciavano fra di loro o infastidivano Julia a causa della competizione, il più delle volte finivano solo per litigare.

Una sana competizione è buona, ma ferire qualcuno fisicamente o nei suoi sentimenti non è appropriato.

Se rimaniamo tutti uniti nello svolgere i compiti e agiamo come una squadra, avremo più successo.

Il gioco di Julia ha fatto capire ai bambini che il potere dei mazzetti è molto più forte rispetto ai bastoncini separati.

Quindi è meglio agire come una squadra piuttosto che da soli.

Sei Unica e Meravigliosa

"Vorrei essere un po' più alta e magra ... e vorrei avere gli occhi azzurri", dice Julia guardandosi allo specchio.

In quel momento sua madre le ripete che stanno facendo tardi per la festa e che dovrebbe essere più veloce. "Arrivo, mamma, dammi solo 5 minuti", risponde.

Prepara velocemente tutto e si precipita verso il cancello dove l'aspettano sua sorella Maria e i suoi genitori.

A sua madre ed a sua sorella non piaceva il vestito che Julia aveva scelto di indossare.

"Avresti dovuto indossare il vestito nero che ti ho comprato ieri", le dice la mamma.

Ma Julia credeva che quel vestito fosse orribile e la facesse sembrare ancora più piccola.

Si guarda e si sente malissimo. "Devo andare a cambiarmi?" le chiede.

"Non c'è bisogno di cambiarti. Sei perfetta!", esclama suo padre. "Ma alla mamma e a Maria non piace, papà?" lei dice.

Il papà la guarda e le dice di non ascoltarli; per lui, lei era sempre bellissima.

"Si sta facendo tardi, andate tutti a sedervi in macchina", aggiunge il papà.

Tutti lo ascoltano e si siedono. Stavano andando alla cerimonia di fidanzamento del figlio dell'amico di papà.

Dopo un'ora erano arrivati.
Tutti ci accolgono calorosamente.

"Dov'è Anna? Posso incontrarla?" chiede Julia.

"Sì, cara, è nella stanza del trucco. Ti sta aspettando", dice la madre della sposa.

Julia si dirige verso il giardino che portava nella stanza da trucco.

"Cosa stai cercando, bella fanciulla?" le chiede una voce.

Julia si volta indietro. "Stai parlando con me?" chiede incuriosita.

"Non vedo un'altra ragazza qui", le risponde la voce. "Certo, sto parlando con te".

"Oh! Io sono Julia, sono l'amica di Anna. Dov'è la stanza del trucco?" chiede.

"Ciao, Julia, io sono Enrico. Sei sempre così carina? O è il colore bianco che ti fa sembrare così bella? Lascia che ti accompagni nella stanza da trucco", le dice Enrico.

"Io carina? Sei bravo a scherzare!!. Sì, portami lì", risponde.

Continuano a parlare per strada.

Nel giardino vedono una gattina ferita. Julia corre da lei e la prende in braccio.

Strappa un pezzo della sua sciarpa e fascia la zampa della gattina.
Dopo essersi assicurata che la gattina stesse bene, lo lascia a terra.

La gattina inizia a camminare normalmente, si sentiva meglio.

Enrico stava guardando tutto questo ed è rimasto scioccato dal fatto che Julia si sia strappata la sciarpa per il bene del gatto.

Allora lui le spiega che la vera bellezza sta nell'avere cura delle persone e nell'avere un buon cuore con gli animali.

Julia non credeva ancora a ciò che diceva Enrico. Invece, secondo lei, alle persone non importava quanto lei fosse gentile e amasse gli animali.

Tutti desiderano il viso più bello, un corpo perfetto e una pelle impeccabile.

Enrico è molto deluso dal suo punto di vista e le dice che è circondata da persone molto egoiste che non stanno andando da nessuna parte nella vita.

Julia non lo capisce e gli chiede se preferisce un bel viso o un bel cuore.

Enrico si arrabbia un po' e le chiede: "Credi che la gente guardi solo l'aspetto esteriore? La gente vedrebbe la nostra bellezza esteriore solo per alcuni anni.

E come tutto il resto, un giorno svanirebbe. Ma un bel cuore rimane per sempre" e spiega il perché.

"Una persona che ti sceglie solo per il tuo aspetto, si stancherebbe di te dopo un po' di tempo, mentre quella che si innamora del tuo cuore ti farebbe sempre sentire speciale".

Poi aggiunge che non dovrebbe farsi ingannare e che è una bellissima ragazzina.

Ed a Enrico ci sono voluti appena cinque minuti per vedere il suo bel cuore.

Julia si commuove. "Avevo bisogno di questo Enrico; grazie mille", dice. "Nessun discorso di ringraziamento, Anna ti sta aspettando. Andiamo", ride.

Si schiarisce gli occhi, ricambia il sorriso ed entrambi si dirigono verso la stanza da trucco.

Spazio lasciato intenzionalmente vuoto per non
fare trapassare i colori nel testo

Spazio lasciato intenzionalmente vuoto per non
fare trapassare i colori nel testo

La Storia di Julia

DRIIIIINNNNN, DRIIIIINNNNN.... La sveglia di Julia sta suonando.

Sono le sei del mattino. Julia si sveglia ogni mattina alle sei, anche nei fine settimana e nei giorni festivi. Vuole sempre esercitarsi prima della scuola.

È una violinista pluripremiata. Si esercita ogni mattina perché le è stato insegnato che, se vuoi migliorare, devi essere migliore.

Ha iniziato a suonare il violino quando aveva solo 5 anni e da allora non è più riuscita a smettere.

Ogni giorno diventa sempre più brava. Non salta mai un allenamento. Julia è determinata a essere la migliore e lo è.

Julia frequenta la scuola media ad indirizzo musicale.

La sua materia preferita è ... la musica. È anche un membro della band jazz della scuola.

Le due migliori amiche di Julia, Maria e Daniela, sono le sue più grandi sostenitrici. Non hanno una gran propensione per la musica perciò pensano che Julia sia una super star.

"Ehi Julia, com'è andato il tuo fine settimana?" chiede Maria mentre Julia arriva a scuola.

"È stato divertente, ho passato la maggior parte del tempo a..." prima che Julia potesse finire la frase, sentì Daniela e Maria gridare: "Esercitarti?"

"Mi conoscete bene!!" disse Julia.

Non era un segreto che Julia mettesse la pratica del violino al di sopra di ogni altra cosa. È e sarà sempre la sua priorità assoluta.

Giovedì è stata chiamata nell'ufficio del preside. Julia era preoccupata. "Cosa ho fatto di sbagliato?", chiede all'insegnante che la sta accompagnando fuori dalla classe.

Julia apre la porta dell'ufficio del preside ed è felice di vedere palloncini e un mazzo di fiori. Ci sono anche i suoi genitori. Lei è perplessa.

"Cos'è tutto questo?" chiede Julia.

Il preside spiega che Julia è stata selezionata per entrare a far parte di una prestigiosa scuola della città.

Era una scuola molto più grande, incentrata esclusivamente sulla musica e sul teatro.

Era stato il sogno di Julia entrare in quella scuola, ma non avrebbe mai pensato sarebbe diventato realtà.

Avrebbe dovuto essere felice, ma era un po' spaventata.

Questa scuola era parecchio lontana da casa sua. C'erano molti più studenti e molti che sono davvero bravi nella musica.

Julia si chiese se sarebbe stata ancora la miglior violinista.

Per rendere le cose ancora più spaventose per Julia, il preside disse che avrebbe cominciato questa nuova scuola il giorno dopo.

DRIIIIINNNNN, DRIIIIINNNNN...

La sveglia di Julia stava suonando.

Questa mattina Julia si sveglia alle 5:30, per fare una mezz'ora in più di pratica prima di andare nella sua nuova scuola.

Julia era preoccupata, stressata e spaventata. Non riusciva a concentrarsi.

Aveva bisogno di prendere due autobus per arrivare. Appena arrivata, Julia non poteva credere quanto fosse grande.

La sua paura di non essere abbastanza brava e la sua paura di non essere la migliore sono triplicate.

In più ha scoperto che c'erano 15 violinisti. Alla sua vecchia scuola, lei era l'unica violinista.

Dopo scuola si era precipitata a casa per esercitarsi altre tre ore. Ha anche saltato la cena. Julia era esausta, ma non sopportava il fatto di non essere più la migliore.

Trascorse le due settimane successive, svegliandosi molto presto, andando a scuola e poi tornando a casa per esercitarsi ancora di più.

Tuttavia, non si sentiva migliore degli altri migliori violinisti della nuova scuola.

Non era felice.

Era frustrata.

Si stava abbattendo.

E, peggio di tutto, stava iniziando a non piacerle più il violino. Amava questo strumento sin da quando era bambina.

Le ha portato gioia, orgoglio e talvolta l'ha anche aiutata a sentirsi coraggiosa.

Julia aveva sempre avuto un violino in mano, e ora lo stava riponendo.

"Ho finito!" ha detto Julia ai suoi genitori: "Non sono più così tanto brava".

I genitori di Julia erano scioccati. Non potevano credere che la loro bambina, che aveva sempre amato suonare, non volesse più farlo.

"Se non posso essere la migliore, non ha alcun senso che io suoni" disse Julia mentre chiudeva la custodia del violino e la infilava sotto il letto.

Passarono quattro settimane e Julia suonava il violino solo quando doveva farlo a scuola.

Gessica era una delle migliori musiciste della scuola iniziò a notare quanto fosse infelice Julia quando suonava in classe.

"Ehi!" Gessica ha chiamato Julia dopo la scuola, "Stai bene? Ho notato che non sembri più molto felice mentre suoni".

"Beh, probabilmente è perché non sono più capace di farlo." disse Julia delusa.

"Julia, sei una delle migliori violiniste che abbia mai sentito in questa scuola!" ha ammesso Gessica.

Gessica era sbalordita all'idea che Julia non la pensasse allo stesso modo.

Ascoltare quelle parole fece sentire Julia ancora più triste.

È stato scioccante ricordare gli anni di duro lavoro che ha dedicato al violino.

"Pensi davvero che io sia brava?" chiese Julia.

"Sì, quando hai iniziato qui, eravamo tutti sorpresi da quanto eri brava. Siamo stati così felici che tu ti sia unita a noi".

Ciò ha confuso Julia: "Aspetta, eri felice che io suonassi così bene?"

"Certo", ha detto Gessica, "Noi adoriamo un talento come te nella nostra scuola".

Fu allora che Julia si rese conto che aveva visto tutto questo nel modo sbagliato.

Ha capito che non deve essere la migliore.

Avrebbe dovuto saper suonare sufficientemente bene per essere nel gruppo dei migliori.

Essere ammessa in questa nuova scuola era una prova sufficiente che lei era tra i migliori.

"Hai ragione! Wow, dovrei essere orgogliosa. Sono davvero contenta ".

Julia diede a Gessica un grosso abbraccio.

Per la prima volta dopo tanto tempo, Julia era entusiasta di tornare a casa e suonare.

Era fantastica e ora era in grado di vederla in quel modo.

La storia di Julia potrebbe non essere stata perfetta, ma è finita bene.

Ha imparato che essere perfetta non è ciò che conta. Ha imparato a credere in se stessa e a non mollare mai.

E, soprattutto, ha imparato che non puoi essere sempre la migliore, ma puoi essere ispirata dagli altri per fare meglio.

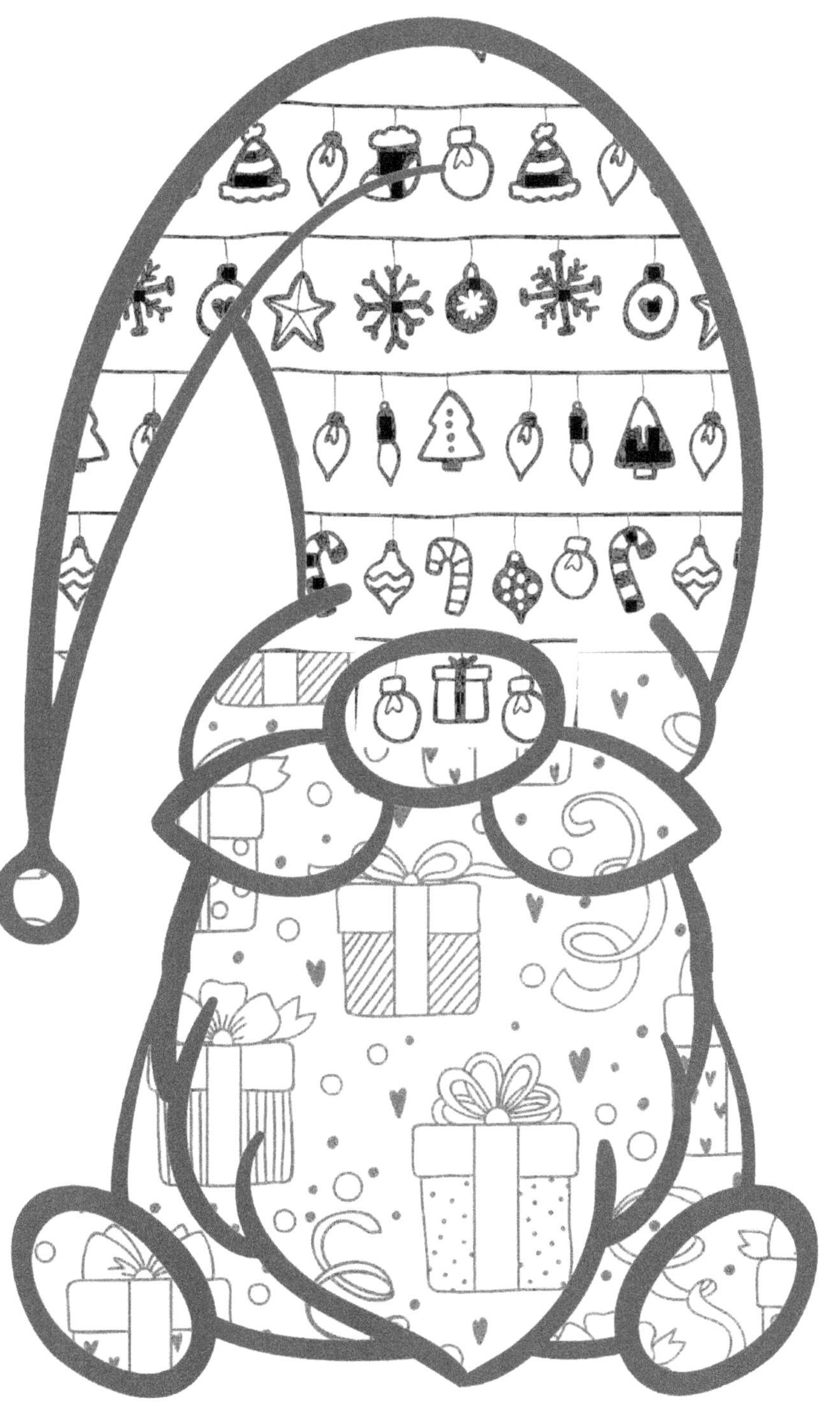

Spazio lasciato intenzionalmente vuoto per non
fare trapassare i colori nel testo

Il Regalo più Bello!

Tra poco sarà Natale: il pandoro, le vacanze, la neve e ... i regali!

Quest'anno la maestra ha avuto un'idea fantastica: ogni alunno porterà un regalo, e poi la maestra distribuirà ad ogni bambino uno di questi regali. Unica regola: il dono doveva essere creato con le proprie mani, e non comprato.

Julia era felicissima. Aveva la possibilità di creare il lavoretto con le sue mani e donarlo ad un'amica. In cambio avrebbe ricevuto un regalo preparato da un'altra bambina.

Julia non aveva dubbi: avrebbe creato uno splendido gnomo con lana e cartoncino, da attaccare all'albero di Natale. Aveva visto in internet qualche esempio voleva realizzarne uno.

Allora si procurò tutto il materiale:

- un gomitolo di lana bianca;
- un cartoncino rosso;
- della colla;
- un paio di forbici.

Chiese alla mamma se la poteva aiutare.

"Certo, Julia, spiegami cosa dobbiamo fare", le disse la mamma, sorridendo.

"Per prima cosa bisogna formare un pompon con la lana", spiegò Julia.

Allora Julia arrotolò la lana tra le sue dita, poi la legò in centro ed infine tagliò i bordi.

"Poi, mamma, dobbiamo disegnare un triangolo nel cartoncino rosso, e lo chiudiamo con la colla", disse Julia.

Fatto!

"Infine bisogna incollare il cappello sopra al pompon, e attaccare un nastrino verde".

Fatto!

Julia era molto orgogliosa del suo gnomo: era venuto veramente bene!

Il giorno dello scambio dei regali, portò a scuola il suo gnomo e lo appoggiò sopra alla scrivania della maestra.

C'erano tantissimi splendidi lavoretti: trenini di carta, pecorelle di lana, borsette di cartoncino!!!

Claudia, la migliore amica di Julia, aveva creato una calza per i dolcetti della Befana, cucendo un vecchio calzino.

Claudia viveva in una famiglia molto povera, con i suoi 3 fratellini, mamma e papà.

Era molto fiera del suo lavoretto, perché lo aveva creato da sola.

La maestra sistemò i lavoretti uno accanto all'altro e, chiamando gli alunni in ordine alfabetico, distribuì tutti i lavoretti, uno ad ogni alunno.

Lara, che era un po' prepotente ed antipatica, protestò perché diceva di aver ricevuto il regalo più brutto. "Io lo butto, maestra...questo lavoretto non mi piace ", disse.
Era la calza di Claudia.

La povera Claudia si mise a piangere, era dispiaciuta che il suo lavoretto non fosse piaciuto alla sua compagna di classe.

Allora Julia, che invece aveva ricevuto una bellissima pecorella di lana bianca, chiese alla maestra di poterla scambiare con la calza di Claudia.

"A me piace moltissimo quella calza, so che è stata fatta con amore", disse Julia; "e quando la guarderò appesa all'albero mi ricorderò sempre la mia amica Claudia ".

E così, Julia scambiò la pecorella con la calza di Claudia. Claudia corse subito ad abbracciare Julia e le disse: "Sarai la mia BFF, e lo sarai per sempre!".

Allora la maestra chiese il significato di quella parola e Julia, guardando Claudia disse: "BFF significa che saremo Best Friends Forever: migliori amiche per sempre"!

PS: se vuoi creare anche tu un simpatico gnomo, segui le indicazioni di Julia!! Puoi cambiare colore della lana del cartoncino ed ottenere, così, gnomi diversi.

Utilizza i classici colori: il bianco, il rosso, il blu e il verde!!

Spazio lasciato intenzionalmente vuoto per non
fare trapassare i colori nel testo

Spazio lasciato intenzionalmente vuoto per non
fare trapassare i colori nel testo